全国人民代表大会常务委员会公报版

中华人民共和国
反电信网络诈骗法

中国民主法制出版社

图书在版编目（CIP）数据

中华人民共和国反电信网络诈骗法/全国人大常委会办公厅供稿．—北京：中国民主法制出版社，2022.9
ISBN 978-7-5162-2893-7

Ⅰ.①中… Ⅱ.①全… Ⅲ.①反电信网络诈骗法—中国 Ⅳ.①D924.335

中国版本图书馆CIP数据核字（2022）第140207号

书名/中华人民共和国反电信网络诈骗法

出版·发行/中国民主法制出版社
地址/北京市丰台区右安门外玉林里7号（100069）
电话/（010）63055259（总编室） 63058068 63057714（营销中心）
传真/（010）63055259
http://www.npcpub.com
E-mail:mzfz@npcpub.com
经销/新华书店
开本/32开 850毫米×1168毫米
印张/1.25 字数/24千字
版本/2022年9月第1版 2022年9月第1次印刷
印刷/三河市宏图印务有限公司

书号/ISBN 978-7-5162-2893-7
定价/8.00元
出版声明/版权所有，侵权必究。

（如有缺页或倒装，本社负责退换）

目　　录

中华人民共和国主席令（第一一九号）…………（1）

中华人民共和国反电信网络诈骗法………………（3）

关于《中华人民共和国反电信网络诈骗法
（草案）》的说明……………………………………（22）

全国人民代表大会宪法和法律委员会关于
《中华人民共和国反电信网络诈骗法
（草案）》修改情况的汇报………………………（27）

全国人民代表大会宪法和法律委员会关于
《中华人民共和国反电信网络诈骗法
（草案）》审议结果的报告………………………（30）

全国人民代表大会宪法和法律委员会关于
《中华人民共和国反电信网络诈骗法
（草案三次审议稿）》修改意见的报告…………（34）

中华人民共和国主席令

第一一九号

《中华人民共和国反电信网络诈骗法》已由中华人民共和国第十三届全国人民代表大会常务委员会第三十六次会议于2022年9月2日通过,现予公布,自2022年12月1日起施行。

中华人民共和国主席　习近平
2022年9月2日

中华人民共和国
反电信网络诈骗法

（2022年9月2日第十三届全国人民代表大会常务委员会第三十六次会议通过）

目　录

第一章　总　　则
第二章　电信治理
第三章　金融治理
第四章　互联网治理
第五章　综合措施
第六章　法律责任
第七章　附　　则

第一章 总　　则

第一条 为了预防、遏制和惩治电信网络诈骗活动，加强反电信网络诈骗工作，保护公民和组织的合法权益，维护社会稳定和国家安全，根据宪法，制定本法。

第二条 本法所称电信网络诈骗，是指以非法占有为目的，利用电信网络技术手段，通过远程、非接触等方式，诈骗公私财物的行为。

第三条 打击治理在中华人民共和国境内实施的电信网络诈骗活动或者中华人民共和国公民在境外实施的电信网络诈骗活动，适用本法。

境外的组织、个人针对中华人民共和国境内实施电信网络诈骗活动的，或者为他人针对境内实施电信网络诈骗活动提供产品、服务等帮助的，依照本法有关规定处理和追究责任。

第四条 反电信网络诈骗工作坚持以人民为中心，统筹发展和安全；坚持系统观念、法治思维，注重源头治理、综合治理；坚持齐抓共管、群防群治，全面落实打防管控各项措施，加强社会宣传教育防范；坚持精准防治，保障正常生产经营活动和群众生活便利。

第五条 反电信网络诈骗工作应当依法进行，维护公民和组织的合法权益。

有关部门和单位、个人应当对在反电信网络诈骗工作过程中知悉的国家秘密、商业秘密和个人隐私、个人信息予以保密。

第六条 国务院建立反电信网络诈骗工作机制，统筹协调打击治理工作。

地方各级人民政府组织领导本行政区域内反电信网络诈骗工作，确定反电信网络诈骗目标任务和工作机制，开展综合治理。

公安机关牵头负责反电信网络诈骗工作，金融、电信、网信、市场监管等有关部门依照职责履行监管主体责任，负责本行业领域反电信网络诈骗工作。

人民法院、人民检察院发挥审判、检察职能作用，依法防范、惩治电信网络诈骗活动。

电信业务经营者、银行业金融机构、非银行支付机构、互联网服务提供者承担风险防控责任，建立反电信网络诈骗内部控制机制和安全责任制度，加强新业务涉诈风险安全评估。

第七条 有关部门、单位在反电信网络诈骗工作中应当密切协作，实现跨行业、跨地域协同配合、快速联动，加强专业队伍建设，有效打击治理电信网络诈骗活动。

第八条 各级人民政府和有关部门应当加强反电信网络诈骗宣传，普及相关法律和知识，提高公众对各类电信网络诈骗方式的防骗意识和识骗能力。

教育行政、市场监管、民政等有关部门和村民委员会、居民委员会，应当结合电信网络诈骗受害群体的分布等特征，加强对老年人、青少年等群体的宣传教育，增强反电信网络诈骗宣传教育的针对性、精准性，开展反电信网络诈骗宣传教育进学校、进企业、进社区、进农村、进家庭等活动。

各单位应当加强内部防范电信网络诈骗工作，对工作人员开展防范电信网络诈骗教育；个人应当加强电信网络诈骗防范意识。单位、个人应当协助、配合有关部门依照本法规定开展反电信网络诈骗工作。

第二章　电信治理

第九条　电信业务经营者应当依法全面落实电话用户真实身份信息登记制度。

基础电信企业和移动通信转售企业应当承担对代理商落实电话用户实名制管理责任，在协议中明确代理商实名制登记的责任和有关违约处置措施。

第十条　办理电话卡不得超出国家有关规定限制的数量。

对经识别存在异常办卡情形的，电信业务经营者有权加强核查或者拒绝办卡。具体识别办法由国务院电信主管部门制定。

国务院电信主管部门组织建立电话用户开卡数量核

验机制和风险信息共享机制，并为用户查询名下电话卡信息提供便捷渠道。

第十一条 电信业务经营者对监测识别的涉诈异常电话卡用户应当重新进行实名核验，根据风险等级采取有区别的、相应的核验措施。对未按规定核验或者核验未通过的，电信业务经营者可以限制、暂停有关电话卡功能。

第十二条 电信业务经营者建立物联网卡用户风险评估制度，评估未通过的，不得向其销售物联网卡；严格登记物联网卡用户身份信息；采取有效技术措施限定物联网卡开通功能、使用场景和适用设备。

单位用户从电信业务经营者购买物联网卡再将载有物联网卡的设备销售给其他用户的，应当核验和登记用户身份信息，并将销量、存量及用户实名信息传送给号码归属的电信业务经营者。

电信业务经营者对物联网卡的使用建立监测预警机制。对存在异常使用情形的，应当采取暂停服务、重新核验身份和使用场景或者其他合同约定的处置措施。

第十三条 电信业务经营者应当规范真实主叫号码传送和电信线路出租，对改号电话进行封堵拦截和溯源核查。

电信业务经营者应当严格规范国际通信业务出入口局主叫号码传送，真实、准确向用户提示来电号码所属国家或者地区，对网内和网间虚假主叫、不规范主叫进行识别、拦截。

第十四条 任何单位和个人不得非法制造、买卖、提供或者使用下列设备、软件：

（一）电话卡批量插入设备；

（二）具有改变主叫号码、虚拟拨号、互联网电话违规接入公用电信网络等功能的设备、软件；

（三）批量账号、网络地址自动切换系统，批量接收提供短信验证、语音验证的平台；

（四）其他用于实施电信网络诈骗等违法犯罪的设备、软件。

电信业务经营者、互联网服务提供者应当采取技术措施，及时识别、阻断前款规定的非法设备、软件接入网络，并向公安机关和相关行业主管部门报告。

第三章　金融治理

第十五条 银行业金融机构、非银行支付机构为客户开立银行账户、支付账户及提供支付结算服务，和与客户业务关系存续期间，应当建立客户尽职调查制度，依法识别受益所有人，采取相应风险管理措施，防范银行账户、支付账户等被用于电信网络诈骗活动。

第十六条 开立银行账户、支付账户不得超出国家有关规定限制的数量。

对经识别存在异常开户情形的，银行业金融机构、非银行支付机构有权加强核查或者拒绝开户。

中国人民银行、国务院银行业监督管理机构组织有关清算机构建立跨机构开户数量核验机制和风险信息共享机制,并为客户提供查询名下银行账户、支付账户的便捷渠道。银行业金融机构、非银行支付机构应当按照国家有关规定提供开户情况和有关风险信息。相关信息不得用于反电信网络诈骗以外的其他用途。

第十七条 银行业金融机构、非银行支付机构应当建立开立企业账户异常情形的风险防控机制。金融、电信、市场监管、税务等有关部门建立开立企业账户相关信息共享查询系统,提供联网核查服务。

市场主体登记机关应当依法对企业实名登记履行身份信息核验职责;依照规定对登记事项进行监督检查,对可能存在虚假登记、涉诈异常的企业重点监督检查,依法撤销登记的,依照前款的规定及时共享信息;为银行业金融机构、非银行支付机构进行客户尽职调查和依法识别受益所有人提供便利。

第十八条 银行业金融机构、非银行支付机构应当对银行账户、支付账户及支付结算服务加强监测,建立完善符合电信网络诈骗活动特征的异常账户和可疑交易监测机制。

中国人民银行统筹建立跨银行业金融机构、非银行支付机构的反洗钱统一监测系统,会同国务院公安部门完善与电信网络诈骗犯罪资金流转特点相适应的反洗钱可疑交易报告制度。

对监测识别的异常账户和可疑交易，银行业金融机构、非银行支付机构应当根据风险情况，采取核实交易情况、重新核验身份、延迟支付结算、限制或者中止有关业务等必要的防范措施。

银行业金融机构、非银行支付机构依照第一款规定开展异常账户和可疑交易监测时，可以收集异常客户互联网协议地址、网卡地址、支付受理终端信息等必要的交易信息、设备位置信息。上述信息未经客户授权，不得用于反电信网络诈骗以外的其他用途。

第十九条　银行业金融机构、非银行支付机构应当按照国家有关规定，完整、准确传输直接提供商品或者服务的商户名称、收付款客户名称及账号等交易信息，保证交易信息的真实、完整和支付全流程中的一致性。

第二十条　国务院公安部门会同有关部门建立完善电信网络诈骗涉案资金即时查询、紧急止付、快速冻结、及时解冻和资金返还制度，明确有关条件、程序和救济措施。

公安机关依法决定采取上述措施的，银行业金融机构、非银行支付机构应当予以配合。

第四章　互联网治理

第二十一条　电信业务经营者、互联网服务提供者为用户提供下列服务，在与用户签订协议或者确认提供服务时，应当依法要求用户提供真实身份信息，用户不提供真实身份信息的，不得提供服务：

（一）提供互联网接入服务；

（二）提供网络代理等网络地址转换服务；

（三）提供互联网域名注册、服务器托管、空间租用、云服务、内容分发服务；

（四）提供信息、软件发布服务，或者提供即时通讯、网络交易、网络游戏、网络直播发布、广告推广服务。

第二十二条 互联网服务提供者对监测识别的涉诈异常账号应当重新核验，根据国家有关规定采取限制功能、暂停服务等处置措施。

互联网服务提供者应当根据公安机关、电信主管部门要求，对涉案电话卡、涉诈异常电话卡所关联注册的有关互联网账号进行核验，根据风险情况，采取限期改正、限制功能、暂停使用、关闭账号、禁止重新注册等处置措施。

第二十三条 设立移动互联网应用程序应当按照国家有关规定向电信主管部门办理许可或者备案手续。

为应用程序提供封装、分发服务的，应当登记并核验应用程序开发运营者的真实身份信息，核验应用程序的功能、用途。

公安、电信、网信等部门和电信业务经营者、互联网服务提供者应当加强对分发平台以外途径下载传播的涉诈应用程序重点监测、及时处置。

第二十四条 提供域名解析、域名跳转、网址链接转换服务的，应当按照国家有关规定，核验域名注册、解析信息和互联网协议地址的真实性、准确性，规范域名跳转，记录并留存所提供相应服务的日志信息，支持实现对解析、跳转、转换记录的溯源。

第二十五条 任何单位和个人不得为他人实施电信网络诈骗活动提供下列支持或者帮助：

（一）出售、提供个人信息；

（二）帮助他人通过虚拟货币交易等方式洗钱；

（三）其他为电信网络诈骗活动提供支持或者帮助的行为。

电信业务经营者、互联网服务提供者应当依照国家有关规定，履行合理注意义务，对利用下列业务从事涉诈支持、帮助活动进行监测识别和处置：

（一）提供互联网接入、服务器托管、网络存储、通讯传输、线路出租、域名解析等网络资源服务；

（二）提供信息发布或者搜索、广告推广、引流推广等网络推广服务；

（三）提供应用程序、网站等网络技术、产品的制作、维护服务；

（四）提供支付结算服务。

第二十六条 公安机关办理电信网络诈骗案件依法

调取证据的，互联网服务提供者应当及时提供技术支持和协助。

互联网服务提供者依照本法规定对有关涉诈信息、活动进行监测时，发现涉诈违法犯罪线索、风险信息的，应当依照国家有关规定，根据涉诈风险类型、程度情况移送公安、金融、电信、网信等部门。有关部门应当建立完善反馈机制，将相关情况及时告知移送单位。

第五章　综合措施

第二十七条　公安机关应当建立完善打击治理电信网络诈骗工作机制，加强专门队伍和专业技术建设，各警种、各地公安机关应当密切配合，依法有效惩处电信网络诈骗活动。

公安机关接到电信网络诈骗活动的报案或者发现电信网络诈骗活动，应当依照《中华人民共和国刑事诉讼法》的规定立案侦查。

第二十八条　金融、电信、网信部门依照职责对银行业金融机构、非银行支付机构、电信业务经营者、互联网服务提供者落实本法规定情况进行监督检查。有关监督检查活动应当依法规范开展。

第二十九条　个人信息处理者应当依照《中华人民共和国个人信息保护法》等法律规定，规范个人信息处理，加强个人信息保护，建立个人信息被用于电信网络诈骗的防范机制。

履行个人信息保护职责的部门、单位对可能被电信网络诈骗利用的物流信息、交易信息、贷款信息、医疗信息、婚介信息等实施重点保护。公安机关办理电信网络诈骗案件，应当同时查证犯罪所利用的个人信息来源，依法追究相关人员和单位责任。

第三十条　电信业务经营者、银行业金融机构、非银行支付机构、互联网服务提供者应当对从业人员和用户开展反电信网络诈骗宣传，在有关业务活动中对防范电信网络诈骗作出提示，对本领域新出现的电信网络诈骗手段及时向用户作出提醒，对非法买卖、出租、出借本人有关卡、账户、账号等被用于电信网络诈骗的法律责任作出警示。

新闻、广播、电视、文化、互联网信息服务等单位，应当面向社会有针对性地开展反电信网络诈骗宣传教育。

任何单位和个人有权举报电信网络诈骗活动，有关部门应当依法及时处理，对提供有效信息的举报人依照规定给予奖励和保护。

第三十一条　任何单位和个人不得非法买卖、出租、出借电话卡、物联网卡、电信线路、短信端口、银行账户、支付账户、互联网账号等，不得提供实名核验帮助；不得假冒他人身份或者虚构代理关系开立上述卡、账户、账号等。

对经设区的市级以上公安机关认定的实施前款行为的单位、个人和相关组织者，以及因从事电信网络诈骗活动或者关联犯罪受过刑事处罚的人员，可以按照国家有关规定记入信用记录，采取限制其有关卡、账户、账号等功能和停止非柜面业务、暂停新业务、限制入网等措施。对上述认定和措施有异议的，可以提出申诉，有关部门应当建立健全申诉渠道、信用修复和救济制度。具体办法由国务院公安部门会同有关主管部门规定。

第三十二条 国家支持电信业务经营者、银行业金融机构、非银行支付机构、互联网服务提供者研究开发有关电信网络诈骗反制技术，用于监测识别、动态封堵和处置涉诈异常信息、活动。

国务院公安部门、金融管理部门、电信主管部门和国家网信部门等应当统筹负责本行业领域反制技术措施建设，推进涉电信网络诈骗样本信息数据共享，加强涉诈用户信息交叉核验，建立有关涉诈异常信息、活动的监测识别、动态封堵和处置机制。

依据本法第十一条、第十二条、第十八条、第二十二条和前款规定，对涉诈异常情形采取限制、暂停服务等处置措施的，应当告知处置原因、救济渠道及需要提交的资料等事项，被处置对象可以向作出决定或者采取措施的部门、单位提出申诉。作出决定的部门、单位应当建立完善申诉渠道，及时受理申诉并核查，核查通过的，应当即时解除有关措施。

第三十三条 国家推进网络身份认证公共服务建设，支持个人、企业自愿使用，电信业务经营者、银行业金融机构、非银行支付机构、互联网服务提供者对存在涉诈异常的电话卡、银行账户、支付账户、互联网账号，可以通过国家网络身份认证公共服务对用户身份重新进行核验。

第三十四条 公安机关应当会同金融、电信、网信部门组织银行业金融机构、非银行支付机构、电信业务经营者、互联网服务提供者等建立预警劝阻系统，对预警发现的潜在被害人，根据情况及时采取相应劝阻措施。对电信网络诈骗案件应当加强追赃挽损，完善涉案资金处置制度，及时返还被害人的合法财产。对遭受重大生活困难的被害人，符合国家有关救助条件的，有关方面依照规定给予救助。

第三十五条 经国务院反电信网络诈骗工作机制决定或者批准，公安、金融、电信等部门对电信网络诈骗活动严重的特定地区，可以依照国家有关规定采取必要的临时风险防范措施。

第三十六条 对前往电信网络诈骗活动严重地区的人员，出境活动存在重大涉电信网络诈骗活动嫌疑的，移民管理机构可以决定不准其出境。

因从事电信网络诈骗活动受过刑事处罚的人员，设区的市级以上公安机关可以根据犯罪情况和预防再犯罪的需要，决定自处罚完毕之日起六个月至三年以内不准其出境,并通知移民管理机构执行。

第三十七条 国务院公安部门等会同外交部门加强国际执法司法合作,与有关国家、地区、国际组织建立有效合作机制,通过开展国际警务合作等方式,提升在信息交流、调查取证、侦查抓捕、追赃挽损等方面的合作水平,有效打击遏制跨境电信网络诈骗活动。

第六章　法律责任

第三十八条 组织、策划、实施、参与电信网络诈骗活动或者为电信网络诈骗活动提供帮助,构成犯罪的,依法追究刑事责任。

前款行为尚不构成犯罪的,由公安机关处十日以上十五日以下拘留;没收违法所得,处违法所得一倍以上十倍以下罚款,没有违法所得或者违法所得不足一万元的,处十万元以下罚款。

第三十九条 电信业务经营者违反本法规定,有下列情形之一的,由有关主管部门责令改正,情节较轻的,给予警告、通报批评,或者处五万元以上五十万元以下罚款;情节严重的,处五十万元以上五百万元以下罚款,并可以由有关主管部门责令暂停相关业务、停业整顿、吊销相关业务许可证或者吊销营业执照,对其直接负责的主管人员和其他直接责任人员,处一万元以上二十万元以下罚款:

（一）未落实国家有关规定确定的反电信网络诈骗内部控制机制的；

（二）未履行电话卡、物联网卡实名制登记职责的；

（三）未履行对电话卡、物联网卡的监测识别、监测预警和相关处置职责的；

（四）未对物联网卡用户进行风险评估，或者未限定物联网卡的开通功能、使用场景和适用设备的；

（五）未采取措施对改号电话、虚假主叫或者具有相应功能的非法设备进行监测处置的。

第四十条 银行业金融机构、非银行支付机构违反本法规定，有下列情形之一的，由有关主管部门责令改正，情节较轻的，给予警告、通报批评，或者处五万元以上五十万元以下罚款；情节严重的，处五十万元以上五百万元以下罚款，并可以由有关主管部门责令停止新增业务、缩减业务类型或者业务范围、暂停相关业务、停业整顿、吊销相关业务许可证或者吊销营业执照，对其直接负责的主管人员和其他直接责任人员，处一万元以上二十万元以下罚款：

（一）未落实国家有关规定确定的反电信网络诈骗内部控制机制的；

（二）未履行尽职调查义务和有关风险管理措施的；

（三）未履行对异常账户、可疑交易的风险监测和相关处置义务的；

（四）未按照规定完整、准确传输有关交易信息的。

第四十一条 电信业务经营者、互联网服务提供者违反本法规定,有下列情形之一的,由有关主管部门责令改正,情节较轻的,给予警告、通报批评,或者处五万元以上五十万元以下罚款;情节严重的,处五十万元以上五百万元以下罚款,并可以由有关主管部门责令暂停相关业务、停业整顿、关闭网站或者应用程序、吊销相关业务许可证或者吊销营业执照,对其直接负责的主管人员和其他直接责任人员,处一万元以上二十万元以下罚款:

(一)未落实国家有关规定确定的反电信网络诈骗内部控制机制的;

(二)未履行网络服务实名制职责,或者未对涉案、涉诈电话卡关联注册互联网账号进行核验的;

(三)未按照国家有关规定,核验域名注册、解析信息和互联网协议地址的真实性、准确性,规范域名跳转,或者记录并留存所提供相应服务的日志信息的;

(四)未登记核验移动互联网应用程序开发运营者的真实身份信息或者未核验应用程序的功能、用途,为其提供应用程序封装、分发服务的;

(五)未履行对涉诈互联网账号和应用程序,以及其他电信网络诈骗信息、活动的监测识别和处置义务的;

(六)拒不依法为查处电信网络诈骗犯罪提供技术支持和协助,或者未按规定移送有关违法犯罪线索、风险信息的。

第四十二条 违反本法第十四条、第二十五条第一款规定的，没收违法所得，由公安机关或者有关主管部门处违法所得一倍以上十倍以下罚款，没有违法所得或者违法所得不足五万元的，处五十万元以下罚款；情节严重的，由公安机关并处十五日以下拘留。

第四十三条 违反本法第二十五条第二款规定，由有关主管部门责令改正，情节较轻的，给予警告、通报批评，或者处五万元以上五十万元以下罚款；情节严重的，处五十万元以上五百万元以下罚款，并可以由有关主管部门责令暂停相关业务、停业整顿、关闭网站或者应用程序，对其直接负责的主管人员和其他直接责任人员，处一万元以上二十万元以下罚款。

第四十四条 违反本法第三十一条第一款规定的，没收违法所得，由公安机关处违法所得一倍以上十倍以下罚款，没有违法所得或者违法所得不足二万元的，处二十万元以下罚款；情节严重的，并处十五日以下拘留。

第四十五条 反电信网络诈骗工作有关部门、单位的工作人员滥用职权、玩忽职守、徇私舞弊，或者有其他违反本法规定行为，构成犯罪的，依法追究刑事责任。

第四十六条 组织、策划、实施、参与电信网络诈骗活动或者为电信网络诈骗活动提供相关帮助的违法犯罪人员，除依法承担刑事责任、行政责任以外，造成他人损害的，依照《中华人民共和国民法典》等法律的规定承担民事责任。

电信业务经营者、银行业金融机构、非银行支付机构、互联网服务提供者等违反本法规定，造成他人损害的，依照《中华人民共和国民法典》等法律的规定承担民事责任。

第四十七条 人民检察院在履行反电信网络诈骗职责中，对于侵害国家利益和社会公共利益的行为，可以依法向人民法院提起公益诉讼。

第四十八条 有关单位和个人对依照本法作出的行政处罚和行政强制措施决定不服的，可以依法申请行政复议或者提起行政诉讼。

第七章　附　　则

第四十九条 反电信网络诈骗工作涉及的有关管理和责任制度，本法没有规定的，适用《中华人民共和国网络安全法》、《中华人民共和国个人信息保护法》、《中华人民共和国反洗钱法》等相关法律规定。

第五十条 本法自2022年12月1日起施行。

关于《中华人民共和国反电信网络诈骗法(草案)》的说明

——2021年10月19日在第十三届全国人民代表大会常务委员会第三十一次会议上

全国人大常委会法制工作委员会副主任 李 宁

委员长、各位副委员长、秘书长、各位委员：

我受委员长会议委托，作关于《中华人民共和国反电信网络诈骗法（草案）》的说明。

一、制定本法的必要性

一是贯彻落实党中央决策部署的重要举措。当前电信网络诈骗活动多发高发，严重危害人民群众利益和社会和谐稳定。习近平总书记高度重视打击治理电信网络诈骗犯罪工作，多次作出重要指示批示，对反电信网络诈骗工作的指导思想、基本原则、关键环节和制度构建，以及加强法律制度建设等提出明确要求。制定反电信网络诈骗法是落实党中央决策部署、打击遏制电信网络诈骗的重要举措。

二是坚持以人民为中心，统筹发展和安全的必然要求。近年来，电信网络诈骗犯罪活动形势严峻，在刑事犯罪案件中占据很大的比重。犯罪分子利用新型电信网络技术手段，钻管理上的漏洞，利用非法获取个人信息、网络黑灰产业交易等实施精准诈骗，组织化、链条化运作，跨境跨地域实施，严重危害人民群众获得感、幸福感、安全感。电信网络诈骗犯罪已经成为当前发案最高、损失最大、群众反响最强烈的突出犯罪，多发高发态势难以有效遏制，需要进一步完善制度，坚决打击治理，维护人民群众切身利益。

三是反电信网络诈骗工作实践的迫切需要。从实践情况看，反电信网络诈骗工作综合治理、源头治理方面的制度措施不够充分，金融、通信、互联网等行业治理存在薄弱环节，需要进一步建立完善各方面责任制度，形成协同打击治理合力；实践中一些好的做法和政策文件需要上升为法律规定；现有法律规定总体上较为分散，不够明确，针对性不强，各方面对于加强法律制度建设的需求较为迫切。

二、起草的过程和总体思路

为贯彻落实党中央决策部署，完善反电信网络诈骗法律制度建设，法制工作委员会会同有关方面积极开展研究起草工作。一是深入调查研究，到各有关行业主管部门、互联网企业、电信企业，以及浙江、云南、江苏、北京等地调研；商请有关部门提供统计数据分析和案例；系统梳理现有政策文件、总结实践经验；委托有关方面对国外电信网络管理制度、反电信网络诈骗法律制度等进行研究。二是广泛听取意见，多次召开座谈会听取中央有关部门、企业和地方的意见，听取部分全国人大代表意见，将草案征求意见稿印发中央有关部门和部分省（市）等征求意见。三是会同公安部、工信部、中国人民银行、中央网信办等就立法中的主要问题深入研究论证，形成共识。

制定反电信网络诈骗法的总体思路是，贯彻落实习近平总书记关于打击治理电信网络诈骗工作的重要指示批示精神，贯彻习近平法治思想，坚持以人民为中心，统筹发展和安全，坚持精准防治和问题导向，强化系统观念、注重源头治理、综合治理，加强预防性法律制度建设，为打击遏制电信网络诈骗活动提供法治支撑。立法工作中注意把握以下几点：一是立足综合治理、源头治理和依法治理，侧重前端防范。关于电信网络诈骗违法犯罪分子的法律责任，刑法已做出多次修改完善，治安管理处罚法也有相关规定。本法主要是按照完善预防性法律制度的要求，针对电信网络诈骗发生的信息链、资金链、技术链、人员链等各环节加强防范性制度措施建设。二是"小快灵"、"小切口"，对关键环节、主要制度作出规定，条文数量不求太多，增强立法的针对性、实用性和有效性。三是急用先行。本法是一部系统综合、针对性强的专项法律，对实践中迫切需要的制度安排作出规定，拟制定修改的电信法、网络犯罪防治法、反洗钱法等其他相关立法针对电信网络诈骗也可从各自角度细化相关规定，专项立法与相关立法相互配套、共同推进。

三、草案的主要内容

草案共三十九条，主要内容包括：

一是反电信网络诈骗工作的基本原则。强调坚持系统观念，注重源头治理、综合治理，全面落实打防管控各项措施；规定各部门职责、企业职责和地方政府职责；加强协同联动工作机制建设。

二是完善电话卡、物联网卡、金融账户、互联网账号有关基础管理制度。落实实名制，规定电话卡、互联网服务真实信息登记制度，建立健全金融业务尽职调查制度；对办理电话卡、金融账户的数量和异常办卡、开户情形进行限制，防范开立企业账户风险；有针对性地完善物联网卡销售、使用监测制度。

三是支持研发电信网络诈骗反制技术措施，统筹推进跨行业、企业统一监测系统建设，为利用大数据反诈提供制度支持。规定金融、通信、互联网等领域涉诈异常情形的监测、识别和处置，包括高风险电话卡、异常金融账户和可疑交易、异常互联网账号等，规定相应救济渠道；规定金融、通信、互联网行业主管部门统筹推进相关跨行业、企业的统一监测系统建设，推进涉诈样本信息数据共享；要求互联网企业移送监测发现的嫌疑线索。

四是加强对涉诈相关非法服务、设备、产业的治理。治理改号电话、虚假主叫和涉诈非法设备；加强涉诈APP（移动互联网应用程序）、互联网域名监测治理；打击治理涉电信网络诈骗相关产业。

五是其他措施方面，建立涉案资金紧急止付、快速冻结和资金返还制度；防范个人信息被用于电信网络诈骗；有针对性加强宣传教育；对潜在受害人预警劝阻和开展被害人救助；加强治理跨境电信网络诈骗活动，规定特定风险防范措施和国际合作。

六是明确法律责任，加大惩处力度。加大惩处非法买卖、出租、出借电话卡、物联网卡、金融账户、互联网账号行为，实施惩戒措施；对违反本法规定依法追究刑事责任以及实施、帮助实施电信网络诈骗活动的法律责任作出衔接性规定；规定金融、电信、互联网企业违反本法规定制度措施的处罚；对有关企业因重大过错导致电信网络诈骗损失或者造成损失扩大的，规定依法承担相应民事责任。

反电信网络诈骗法草案和以上说明是否妥当，请审议。

全国人民代表大会宪法和法律委员会关于《中华人民共和国反电信网络诈骗法(草案)》修改情况的汇报

全国人民代表大会常务委员会：

  常委会第三十一次会议对反电信网络诈骗法草案进行了初次审议。会后，法制工作委员会将草案印发各省（区、市）人大常委会、中央有关部门和部分高等院校、研究机构、基层立法联系点等征求意见。在中国人大网全文公布草案征求社会公众意见。宪法和法律委员会、法制工作委员会就一些重要问题与中央有关部门多次沟通研究，联合召开座谈会听取中央有关部门、全国人大代表和专家的意见，到北京等地调研，通过视频方式听取互联网企业意见。王晨副委员长率队到公安机关调研。宪法和法律委员会于5月23日召开会议，根据常委会组成人员的审议意见和各方面意见，对草案进行了逐条审议，还就修改方案征求了公安部、工信部、中国人民银行的意见。6月14日，宪法和法律委员会召开会议，再次进行了审议。现将反电信网络诈骗法草案主要问题的修改情况汇报如下：

一、有的常委委员、地方和社会公众提出，反电信网络诈骗工作要注意处理好打击治理与保护公民、组织合法权益之间的关系。宪法和法律委员会经研究，建议增加规定，反电信网络诈骗工作应当依法进行，维护公民和组织的合法权益，依法保护国家秘密、商业秘密和个人隐私，并规定相应法律责任。

二、有的常委委员、地方、部门和社会公众提出，从实践看开展有效宣传防范是重要经验，建议草案加强完善这方面的规定。宪法和法律委员会经研究，建议作以下修改补充：一是规定增强公民防范意识和防范能力。二是增加金融机构、电信企业、互联网企业和新闻媒体单位开展反电信网络诈骗宣传的相关义务。三是扩大预警劝阻的责任主体，增加其他有关部门和金融、电信、互联网企业的预警劝阻措施。

三、有的常委委员、部门、地方提出，防范利用金融系统非法转移资金是反电信网络诈骗工作的重要环节，建议进一步拓展涉电信网络诈骗"资金链"治理。宪法和法律委员会经研究，建议作以下修改补充：一是将涉诈监测治理对象由银行账户、支付账户扩展到数字人民币钱包、收款条码等支付工具和支付服务。二是增加规定有关部门组织建立为用户提供查询名下银行账户、支付账户便捷渠道。三是为保障监测识别异常账户、可疑交易的有效性，明确金融机构可依法收集必要的交易和设备位置信息。四是规定支付机构应当依照规定完整、准确传输有关交易信息，防范电信网络诈骗分子借此洗钱。

四、有的常委会组成人员、地方、部门和社会公众建议提高草案法律责任部分的罚款幅度，加大对电信网络诈骗人员的惩处力度。宪法和法律委员会经研究，建议作以下修改补充：一是增加对电信网络诈骗分子使用电话卡、金融账户、互联网账号等的限制措施，并增加限制措施情形。二是根据打击治理跨境电信网络诈骗的实践需要，增加规定对有关涉电信网络诈骗人员可以采取限制出境措施。三是对有关违反本法规定行为的罚款幅度作了调整。

五、有的部门提出，国家正在按照规定推进试点网络身份认证公共服务建设，可以为涉诈异常的电话卡、银行卡、互联网账号提供重新核验身份服务。宪法和法律委员会经研究，建议采纳上述意见，增加相应规定，同时明确按照个人、企业自愿使用原则，是一种可供电信、金融、互联网等行业企业选择适用的措施，不排斥现有核验措施的适用。

六、草案第三十一条对电信业务经营者、金融机构和互联网服务提供者一定情形下承担相应民事责任作了规定。有的常委委员、部门、地方和企业提出，电信网络诈骗分子是主要侵权责任人，对相关行业企业设定民事责任应当慎重，同时要考虑对优化服务可能带来的不利影响，也有意见认为企业应当依法承担民事责任。宪法和法律委员会经研究，建议修改为与民法典的衔接性规定，不设定新的民事责任制度。

此外，还对草案作了一些文字修改。

草案二次审议稿已按上述意见作了修改，宪法和法律委员会建议提请本次常委会会议继续审议。

草案二次审议稿和以上汇报是否妥当，请审议。

全国人民代表大会宪法和法律委员会
2022 年 6 月 21 日

全国人民代表大会宪法和法律委员会关于《中华人民共和国反电信网络诈骗法（草案）》审议结果的报告

全国人民代表大会常务委员会：

常委会第三十五次会议对反电信网络诈骗法草案进行了二次审议。会后，法制工作委员会将草案印发中央有关部门、金融机构等征求意见，在中国人大网全文公布草案二次审议稿，再次征求社会公众意见。宪法和法律委员会、法制工作委员会就一些重要问题会同有关方面加强研究，通过视频方式与福建省有关部门连线调研，赴湖北省实地调研，召开座谈会听取互联网企业和有关部门、商业银行、专家等意见。宪法和法律委员会于7月18日召开会议，根据委员长会议精神、常委会组成人员审议意见和各方面的意见，对草案进行了逐条审议。公安部、工业和信息化部、中国人民银行有关负责同志列席了会议。8月17日，宪法和法律委员会召开会议，再次进行了审议。宪法和法律委员会认为，草案经过两次审议修改，已经比较成熟。同时，提出以下主要修改意见：

一、有的常委会组成人员、部门和社会公众提出，为了进一步加强打击电信网络诈骗，建议在草案中增加人民法院、人民检察院和公安机关的相应职责。宪法和法律委员会经研究，建议增加以下规定：一是人民法院、人民检察院发挥审判、检察职能作用，依法防范、惩治电信网络诈骗活动。二是公安机关应当建立完善打击治理工作机制，加强能力建设，有效惩治电信网络诈骗活动，对电信网络诈骗犯罪案件依法及时立案。

二、有的常委会组成人员提出，应当根据实践需要有针对性地加强宣传教育防范措施。宪法和法律委员会经研究，建议增加以下规定：一是加强对老年人、青少年等群体的宣传教育，增强反电信网络诈骗宣传教育的针对性、精准性。二是明确有关行业企业对本领域新出现的电信网络诈骗手段及时向用户作出提醒。三是规定对公众举报电信网络诈骗的奖励制度。

三、有些互联网企业提出，反电信网络诈骗工作需要重视和加强互联网企业和有关部门对于涉诈违法犯罪线索、风险信息的共享，完善有关移送处置机制，提升企业监测防范水平。宪法和法律委员会经研究，建议采纳上述意见，增加相应规定。

四、有些常委委员、部门和社会公众提出，要进一步加大对电信网络诈骗分子的惩处力度。在刑法作出刑事责任规定的同时，也要就行政处罚作出专门规定，并进一步明确承担民事责任和纳入信用记录。宪法和法律委员会经研究，建议采纳上述意见，增加以下规定：一是规定对从事电信网络诈骗活动的有关人员，可以按照国家有关规定记入信用记录，并规定了具体惩戒措施。同时，明确有关部门应当建立健全申诉渠道、信用修复和救济制度。具体办法由国务院公安部门会同有关主管部门规定。二是规定从事电信网络诈骗活动，尚不构成犯罪的行政处罚。三是进一步明确从事电信网络诈骗违法犯罪人员除依法承担刑事责任、行政责任以外，造成他人损害的，依法承担民事责任。

五、有的常委委员、部门和社会公众提出，对涉诈异常情形采取相应处置措施时，要进一步明确救济途径。宪法和法律委员会经研究，建议增加规定，有关部门、单位应当将处置原因、救济渠道及需要提交的资料等事项告知被处置对象，并建立完善申诉渠道。

六、有的常委会组成人员、部门提出，电信网络诈骗犯罪多发高发，严重侵害国家利益、社会公共利益，有必要增加规定检察机关可以依法提起公益诉讼。宪法和法律委员会经研究，建议采纳上述意见，增加相应规定。

此外，还对草案二次审议稿作了一些文字修改。

8月16日，法制工作委员会召开会议，邀请有关基层部门、企业、全国人大代表和专家学者，就草案的可行性、出台时机、实施的社会效果和可能出现的问题等进行评估。普遍认为，草案贯彻落实习近平总书记重要指示批示精神和党中央决策部署，坚持以人民为中心，统筹发展和安全，立足各环节、全链条防范治理电信网络诈骗，精准发力，为反电信网络诈骗工作提供有力法律支撑。草案经过两次审议已比较成熟，具有较强的针对性和可操作性，实践迫切需要，建议尽快出台。同时，还对草案提出了一些具体修改意见，宪法和法律委员会进行了认真研究，对有的意见予以采纳。

草案三次审议稿已按上述意见作了修改。宪法和法律委员会建议提请本次常委会会议审议通过。

草案三次审议稿和以上报告是否妥当，请审议。

全国人民代表大会宪法和法律委员会
2022年8月30日

全国人民代表大会宪法和法律委员会关于《中华人民共和国反电信网络诈骗法(草案三次审议稿)》修改意见的报告

全国人民代表大会常务委员会:

本次常委会会议于8月30日下午对反电信网络诈骗法草案三次审议稿进行了分组审议。普遍认为,草案已经比较成熟,建议进一步修改后,提请本次常委会会议表决通过。同时,有些常委会组成人员和列席人员还提出了一些修改意见和建议。宪法和法律委员会于8月31日上午召开会议,逐条研究了常委会组成人员和列席人员的审议意见,对草案进行了审议。公安部、工业和信息化部、中国人民银行有关负责同志列席了会议。宪法和法律委员会认为,草案是可行的,同时,提出以下修改意见:

一、有的常委委员提出,实践中单位财务人员等成为电信网络诈骗重点对象,造成单位财产损失,建议加强单位内部管理防范措施。宪法和法律委员会经研究,建议增加规定，各单位应当加强内部防范电信网络诈骗工作，对工作人员开展防范电信网络诈骗教育。"

二、有的常委委员提出，草案三次审议稿第二十五条所列不得为他人实施电信网络诈骗活动提供有关支持和帮助的行为中，有些与正常经营和业务活动有交叉，建议进一步明确法律界限。宪法和法律委员会经研究，建议将所列行为分为两类情形规定，明确电信业务经营者、互联网服务提供者应当依照国家有关规定履行合理注意义务，对有关涉诈活动进行监测识别和处置。

三、有的常委委员、部门提出，本法对主管部门监管责任、企业各项防范治理责任等作了相应规定。为保障这些规定得到有效实施，建议增加规定，有关主管部门应当依照职责对企业落实情况进行监督检查；有的部门、企业提出，有关监督检查活动应当依法规范开展。宪法和法律委员会经研究，建议采纳上述意见，增加相应规定。

四、根据有些常委会组成人员的意见，宪法和法律委员会经研究，建议对有关国际合作的规定作进一步修改完善，规定："国务院公安部门等会同外交部门加强国际执法司法合作，与有关国家、地区、国际组织建立有效合作机制，通过开展国际警务合作等方式，提升在信息交流、调查取证、侦查抓捕、追赃挽损等方面的合作水平，有效打击遏制跨境电信网络诈骗活动。"

有的常委会组成人员还对本法通过后的实施和宣传工作提出了意见。宪法和法律委员会建议有关部门认真研究常委会组成人员的审议意见，抓紧制定和完善相关配套规定，积极做好宣传和解读，加大执法力度，保证法律全面有效实施。

经与有关部门研究，建议将本法的施行时间确定为2022年12月1日。

此外，根据常委会组成人员的审议意见，还对草案三次审议稿作了一些文字修改。

草案修改稿已按上述意见作了修改，宪法和法律委员会建议本次常委会会议审议通过。

草案修改稿和以上报告是否妥当，请审议。

全国人民代表大会宪法和法律委员会
2022年9月1日